AF359982

DU PÉLERINAGE

DE FOURVIÈRES.

—

OUVRAGES DU MÊME AUTEUR

QUI SE TROUVENT A LA MÊME ADRESSE.

Eulalie, ou *les Quatre Ages de la Femme;* I vol. in-8°.

Études des Hommes et des Choses, la vingt-sixième et la vingt-huitième année du dix-huitième siècle; 2 vol. in-18.

Épitre à la Philosophie sur les Aumôniers de régiment; broch. in-8°.

Pétition adressée à la Chambre des Députés, tendante à obtenir une loi contre le duel; br. in-8°.

Méditations d'un Criminel de la Jeune France sur la Peine Capitale; I vol. in-8°.

LYON.

IMPRIMERIE TYPOGRAPHIQUE ET LITHOGRAPHIQUE

DE LOUIS PERRIN.

DU PÉLERINAGE

DE FOURVIÈRES,

l'An du Christ
mil huit cent trente-quatre.

Par M. F. PONCHON.

A LYON,

CHEZ G. J. CHAMBET FILS, LIBRAIRE,

QUAI DES CÉLESTINS ;

ET CHEZ RUSAND, RUE MERCIÈRE.

1834.

DU PÉLERINAGE

DE FOURVIÈRES,

l'an du Christ

mil huit cent trente-quatre.

Nous avons une grande pensée sur le cœur , mais à qui la confier ? qui voudra nous entendre ? qui nous comprendre ? Des moqueries, du ridicule , de la confusion : voilà le prix certain de notre aveu ingénu.

Mais , après tout, qui osera nous le faire, cet accueil redoutable ? Le siècle ? ce siècle, dont chaque parole est un mensonge , chaque action une faute et trop souvent un crime (1) ! ce siècle tout meurtri , tout défiguré par ses chutes sans nombre, jusqu'à en être méconnu et renié par ses propres amis! lui! se hasarder à décocher des traits , à lancer le ridicule ? en a-t-il le droit? en a-t-il la force ? son bras est-il assez bien assuré ? Qu'il faudrait avoir l'épiderme léger ,

pour redouter les atteintes d'un pareil ennemi !
Avant de demander compte aux autres des doc-
trines qu'ils professent, et des paroles de foi qui
pourraient blesser sa superbe incrédulité, qu'il
songe, lui, à conjurer la juste pitié qu'il inspire
à tout ce qui n'a pas juré une haine éternelle au
sens commun! eh! quand nous parlons de pitié,
notez bien que nous n'entendons pas mettre le
prix seulement à ses actes accomplis, ni même
à tous ceux qu'il médite, mais encore à tous
ceux que peut rêver son cerveau malade. Accor-
dez-lui donc sa chère république, ou bien con-
sacrez ce qu'il possède ; départez-lui la paix ou
la guerre, la disette ou l'abondance, la misère
ou la prospérité, donnez-lui autre chose encore,
s'il le demande; pourvoyez-le de tout ce qu'il
imaginera, lui ! et tenez pour certain qu'il n'en
avancera pas d'un cran dans les voies de la raison,
du bonheur et du sens commun : il est sous le
charme de l'abyme, l'abyme l'appelle, l'attire,
l'entraîne dans son tourbillon ; il est dans l'im-
possibilité de s'en arracher lui-même; lui-même il
ne peut rien pour lui-même; et nous redouterions
la censure de ce colosse d'impuissance ! et nous
craindrions de parler à sa face de l'Être des
Êtres, de ce Principe éternel si oublié, si outragé ! et nous n'oserions faire une profession de

foi solennelle en son honneur ! Non certes, il n'en sera rien : le sens commun est pour nous ; que nous importent le nombre et la confiance de ceux qui l'insultent ?

Mais pourquoi ces prévoyantes et rigoureuses paroles ? qu'y a-t-il de commun entre le siècle et nous, entre le siècle et les pensées que nous nourrissons ? Est-ce à lui que nous voulons plaire ? est-ce lui que nous songeons à toucher ?

Il est par le monde une noble, antique, grande et laborieuse cité, dès long-temps asyle vénérable des Saints et des Héros : le sang des uns et des autres, et à plus d'une époque, a rougi le pavé de ses rues et teint les belles eaux de ses fleuves. Le torrent enflammé du siècle, toutefois, a bien causé quelques ravages sur cette terre de prédilection ; mais là du moins vivent encore, et d'une vie sensible, extérieure, les traditions chères au genre humain ; là les époux ressemblent encore à des époux, les fils à des fils, les citoyens à des citoyens, les hommes à des hommes ; là du moins, Dieu, le vrai Dieu, le Dieu crucifié est encore connu, son nom n'y est point un blasphême, son culte un scandale ; là, du moins, il n'est pas une famille où la profonde conviction, soit du père ou de la mère, soit du jeune fils ou de la jeune fille, et les pratiques qui en sont la conséquence, n'entretiennent dans tous les membres qui la composent un certain mouvement d'idées, de croyances, et même d'actes religieux ; là du moins, jamais le Dieu crucifié n'est porté ostensiblement par ses ministres, en gage de réconciliation et d'amour, à la douleur expirante, sans recevoir les respectueuses salutations de tout ce qui se rencontre sur son passage (2). Autant en dirons-nous de la croix précédant les dépouilles mortelles de l'homme conduites au champ vénérable qui leur est consacré. Là, naguère encore, pleine de foi dans le pouvoir surnaturel que la Catholicité fait profession de reconnaître au premier Vicaire du Dieu crucifié, la population presque entière s'est émue à l'antique et puissant nom de Jubilé; et afin d'en conquérir le bienfait, s'est précipitée dans les temples, souvent trop étroits pour contenir la foule qui les assiégeait (3). Là, en un mot, où l'on est toujours sûr d'émouvoir les cœurs et de former des monceaux d'or, dès qu'on parle d'indigence, se trouvent des dispositions vertueuses, et l'instinct de la vraie pitié, plus peut-être que dans aucune autre ville du monde (4).

Hé bien ! c'est cette généreuse cité , qui se détache avec tant d'éclat du triste horizon qui l'entoure , c'est seulement elle , que nous prenons pour confidente de notre plan et de nos vœux.

Sur le sommet du riche coteau au pied duquel coulent si gracieusement les eaux tardives de la Saône , s'élève l'antique chapelle de Fourvières, consacrée sous l'invocation de MARIE , de la Mère du Christ, du Dieu crucifié , c'est-à-dire du Dieu de tous les hommes de bon sens , de tout ce qui reste sur la terre d'esprits clairvoyants, de vraies philosophes. On cite d'innombrables prodiges opérés de temps immémorial, et renouvelés tous les jours par la fréquentation en foi et en vérité de ce mystérieux asyle. Eh! pourquoi pas? Dieu, par amour pour les hommes , confondant la plus forte pensée , éprouvant la crédibilité la plus ferme , aurait bien pu , au mépris de toutes les lois naturelles et divines connues , accorder l'honneur insigne à une créature , à la plus pure, il est vrai, d'entre toutes les filles des hommes, de prendre un corps dans ses entrailles vierges, et ce même Dieu ne pourrait pas se complaire à interrompre partiellement quelques lois de la nature , à la demande et pour la gloire de cette Vierge devenue sa mère, et en faveur de ces mêmes hommes , pour l'amour desquels il a voulu, il a pu naître et mourir. Dieu ne le voudrait pas , Dieu ne le pourrait pas ! C'est se moquer.

Quant à nous , nous le croyons , nous le déclarons solennellement et d'un front impassible, appuyés que nous sommes sur la triple omnipotence , des faits, de la foi, et du sens commun : oui , de nombreuses et favorables exceptions aux lois générales de la nature, ont été fréquemment obtenues, et peuvent s'obtenir tous les jours par le recours *à notre bonne Dame de Fourvières, Mater Christi, Refugium peccatorum, Consolatrix afflictorum.*

Nous ne citerons pas à l'appui de notre crédibilité , le mal dévorant, le souffle de mort auquel nous venons tout récemment d'échapper ; sans doute cette faveur insigne , qui alors nous semblait ne pouvoir s'obtenir que par un prodige, à force de jeûnes, de larmes et de prières, nous avons tenté de la conquérir. Sans doute, femmes, vieillards, enfants , hommes faits, soldats , magistrats, négociants, pauvres , riches, tous , dans ces jours d'effroi, en foule nous sommes allés la solliciter au saint pélerinage. Mais le terrible fléau n'a pas, dans sa fureur, envahi l'univers: d'autres populations , d'autres cités, sont échappées à ses étreintes mortelles, sans avoir imploré ni pu implorer la protection de notre Marie; donc, et nous nous fesons un point d'honneur religieux de le déclarer, ceci n'est qu'une affaire de Dieu à nous, et à chacun il est libre d'en penser ce que bon lui semble. Mais de quelque côté que nous soit arrivée la délivrance, son principe nous est caché ; or , dans cette hypothèse , quoi de plus naturel , de plus raisonnable , de plus propre même à ennoblir les démarches qu'a inspirées la peur , que de rendre graces de son salut au Principe surnaturel qu'on a imploré dans les jours du péril! et quoi de plus digne de la noble nature humaine , que de lui offrir, à ce Principe immense et sacré, un témoignage public de sa reconnaissance.

Mais à quoi bon ces arguments? dès long-temps tous les cœurs s'entendent , tous les vœux sont réunis , il n'y a qu'une voix, il n'y a qu'un cri : « A Marie , à Marie , un tribut solennel de gratitude et d'amour ! »

Pour répondre à un aussi juste empressement, à un zèle aussi louable , et en favoriser les pro-

grès , le vénérable Prélat qui préside aux desti-
nées spirituelles de ce diocèse, et qui, par la noble
candeur de ses manières , la suave aménité de sa
parole , est l'ornement de cette cité, comme il
en est l'exemple par ses hautes vertus, publia
l'année dernière une lettre dans laquelle il an-
nonçait qu'une souscription allait être ouverte à
l'Archevêché , afin de se procurer les fonds
nécessaires pour subvenir à l'embellissement et
à l'agrandissement de l'église de Fourvières.

A la première apparition de ce projet , la
pensée ou , si l'on veut, le sentiment que nous
allons développer nous fut bien inspiré ; mais le
mouvement était donné , les choses semblaient
devoir marcher incessamment , et nous nous dîmes : « Est-il bien sûr, dans les jours mauvais où
nous vivons , qu'il n'y ait pas de l'imprudence à
ralentir ce mouvement, à entraver cette marche,
à suspendre l'activité de ce zèle»; nous nous dîmes
cela , et , en résumé, nous renfermâmes dans le
secret de notre cœur et nos pensées et notre
deuil.

Mais depuis lors l'état de la question a changé,
ou plutôt le parti pris , le point fixé semble être
remis en question ; car rien n'indique le moins
du monde que l'on se dispose à mettre la main à
l'œuvre. D'où vient cette indécision ? tout-à-fait

probablement de la grande importance des frais qu'entraînerait l'exécution du plan arrêté, mise en parallèle avec les sommes obtenues et vraisemblablement à obtenir.

Hé bien ! c'est sous le double rapport de la non-exécution du projet, et des raisons tout-à-fait déterminantes qui l'imposent, que nous croyons aujourd'hui pouvoir émettre nos idées à cet égard, puisque adoptées, elles auraient l'avantage inappréciable pour tous les cœurs religieux, d'offrir par leur simplicité les moyens de commencer et d'achever ce qu'il paraît qu'on ne peut entreprendre aujourd'hui , et que dès lors très probablement on n'entreprendra jamais ; car , à quoi sert de s'abuser? les choses de Dieu vont-elles grandissant au regard des hommes !

Le voici donc, ce que nous pensons , ce que nous sentons , ce que nous proposons :

En thèse générale , qu'est-ce qu'un pélerinage ? Nous n'hésitons pas , philosophiquement et religieusement parlant , un pélerinage est un lieu dès long-temps positif, circonstancié , plein de traditions religieuses plus ou moins touchantes , plus ou moins sublimes , plus ou moins enveloppées de générations et de siècles ; un lieu dont le contact, dont l'approche, dont la vue, échauffant les imaginations, réveillant les esprits, touchant les cœurs, augmente l'énergie de la pensée de Dieu, imprime de l'activité à la foi, donne de la ferveur à la prière, et de la sorte autorise Celui à qui elle est adressée, si nous osons ainsi parler, à interrompre là plus souvent qu'ailleurs, en faveur des suppliants, les lois immuables que lui-même a dictées à la nature. La dérision n'y fait rien, tant que l'homme ne sera ni brute ni ange, tant qu'il sera homme, un pèlerinage sera quelque chose, et voilà ce qu'il sera.

Donc un pèlerinage, pour conserver sa double et sublime action, son action sur l'homme, son action sur Dieu, exige impérieusement, non seulement que ses traditions, mais encore ses formes matérielles soient respectées avec un religieux scrupule, surtout par et pour des générations menaçantes comme la nôtre, et comme celles que prépare sourdement ou plutôt bruyamment l'avenir ; car, et pour compléter la définition, ainsi que les conséquences à en déduire, un pèlerinage en crédit est un tout précieux, une espèce de légitimité sainte élaborée lentement par les siècles, que tous les âges ont vénérée et dû vénérer, mais à quoi le nôtre ne peut toucher sans frémir.

Cependant on parle, ou du moins on parlait naguère d'un plan qui dénaturait entièrement l'aspect de notre pélerinage ; quant à nous, nous le répétons, ce n'est pas sans douleur que nous verrions consommer cette hasardeuse entreprise. Renverser le clocher de Fourvières ! ce clocher avec lequel est si familier toute la banlieue, que les arts depuis si long-temps ont consacré, et en tant de façons, que les provinces voisines connaissent même sans l'avoir vu ; renverser le clocher de Fourvières ! ce clocher proverbial, ce monument naïf, depuis tant de siècles objet de la prédilection de cette cité, et qui nous rappelle tout à la fois, avec une si éloquente candeur, et la piété, et les vertus, et le bonheur de nos pères ; renverser le clocher de Fourvières ! ce pavillon mystérieux sous lequel nos jeunes mères, brillantes de beauté et de pudeur, sont peut-être venues tant de fois pleurer sur une désolante stérilité, sans la cessation merveilleuse de laquelle nous serions encore dans le néant, nous qui aujourd'hui jouissons de la douce lumière et de la pensée de Dieu ; renverser le clocher de Fourvières ! mais quel est le pélerin qui arrivé haletant, désolé, endolori sous les voûtes du saint asyle qu'il couronne, ne se sente pénétré de cette onction, de ce sentiment consolateur dont les mille récits qu'il en avait entendu faire dès ses premières années, lui inspiraient dans ses infortunes et l'avant-goût et l'espérance; renverser le clocher de Fourvières! mais quelle grace dans les formes, quel éclat dans les matériaux, quelle immensité dans l'étendue de l'édifice projeté, pourrait frapper, pourrait émouvoir, nous ne disons pas vaguement, le pélerin, la jeune vierge, le bon vieillard, la pauvre veuve, mais nos femmes, nos enfants, nos amis, nos serviteurs, nous tous hommes dans la force de l'âge, sains de corps et d'esprit! Qu'est-ce qui pourrait émouvoir, disons-nous, nos cœurs et nos sens autant que l'aspect humble et sublime de cette architecture sans nom, de ces ogives discordantes, de ces nefs boîteuses, mais toutes empreintes, toutes chargées des chiffres et de l'image de Marie? de quel moderne arrangement de pierres pourrait sortir le suave parfum qui s'exhale pour nos ames de cette vieille chapelle, de cette masure, de ces ruines, si l'on veut; oui, mais ruines, mais masure sacrée, vivantes partout de pieux et d'indicibles souvenirs?

Nous le savons, toutefois la démolition ne doit pas être générale. Dans le plan formé, on conserve la chapelle dite de la *sainte Vierge*: c'est bien ! mais cette chapelle si éloquente , si pleine de vie , de cette vie qui est à elle , qu'à elle seule elle remplit , elle déborde le vaisseau ! quel rôle jouera-t-elle , égarée dans votre nouvelle construction ? sa vie n'y perdra-t-elle pas infiniment de sa chaleur ? sa voix, de son harmonie ? Dans tous les cas , ne sera-t-elle pas complétement muette pour l'horizon ? Or , combien de temps supposez-vous qu'il faille à la portion de puissance que vous lui laissez , pour qu'elle perce la triple enveloppe dont vous l'écrasez, pour qu'elle se l'approprie , pour qu'elle la consacre ? Combien de temps ? Jamais , non , jamais plus il ne sera donné aux hommes tels, qu'hélas ! les voici faits, de reconstruire le colosse moral que l'on propose d'abattre ! Une fois détruit, les générations, les siècles passeraient sur ses ruines sans songer à les relever, dans tous les cas, sans pouvoir y parvenir.

D'ailleurs, bâtir des églises ! nous oserons le dire : qui est-ce qui n'en bâtit pas aujourd'hui des églises, depuis le patriarche de Ferney jusqu'à tous nos campagnards philosophes ? Quelle est la commune si minime qui ne prétende bâtir sa nouvelle église, ou agrandir ou défigurer l'an-

tique église qu'elle possède ? Quel est le maire ,
quel est le conseil municipal que le zèle de la
place publique de son *endroit* ne dévore jusqu'à
lui faire voter gaiment des centimes additionnels
pour y ériger un monument aujourd'hui sous le
nom d'église ou de temple , sauf par la suite à
déterminer son nom et son usage, selon les temps
et les progrès des lumières.

Mais tout cela , qu'est-ce ? de la pierre, de la
chaux , du sable entassés , du malaise de cœur ,
de la vanité , de l'amour-propre, et rien que cela.
C'est une façon comme une autre de hauts-four-
neaux , de chemin de fer , de pont suspendu ,
et pas davantage. Ah ! ne prenons pas le change
ici : la pensée de Dieu n'a rien de commun avec
cette agitation convulsive de la matière et des
esprits ; appliquons-nous , appliquons-nous bien
plutôt , nous autres faibles restes d'Israel , à pré-
server de toute atteinte le petit nombre de monuments qui réflètent encore la physionomie et les
traditions des anciens jours; nous dont toutes les
croyances , dont tout l'avenir ne sont qu'une
conséquence des souvenirs vivants des temps
passés. Et puis , sous le rapport du goût même ,
faire des débris , disperser des ruines , des ruines
consacrées pour introniser à leur place la vulgaire,
la triviale nouveauté , la nouveauté aux embras-

sements adultères , la nouveauté , impudente
ennemie des hommes et de Dieu : quelle mé-
prise !

Si du moins vous aviez à votre disposition les
cèdres du Liban , les trésors de Salomon , et avec
cela des droits assurés sur la bonne volonté , sur
les efforts coopérateurs d'un siècle , d'un demi-
siècle, de moins encore, nous concevrions que la
pensée d'un temple immense, magnifique , qui
déposerait hautement du zèle des populations ,
des générations , et pourrait à force de grandiose
reconquérir sur les imaginations l'empire que le
temple détruit y exerçait à force de souvenirs et
de simplesse ! nous concevrions , disons - nous ,
qu'une semblable perspective pût séduire votre
piété; mais en sommes - nous là ? Lyon , notre
commune et vénérable mère , la cité croyante ,
nous nous plaisons à l'appeler ainsi, Lyon vainement lutte avec un généreux courage que le Ciel
bénira dans nous et dans notre postérité , Lyon
n'en est pas moins la fille des hommes , elle ne
saurait échapper pleinement à cette triste imbé-
cillité qui tend à envahir le genre humain ; son
cœur, son noble cœur bat bien encore pour la vérité , la vérité absolue, l'éternelle, l'aimable , la
consolante Vérité des vérités; mais ses battements,

combien n'ont-ils pas perdu ? combien , à chaque instant de notre ère redoutable, ne perdent-ils pas de leur intensité ? Ne comptez donc point trop sur une pieuse prodigalité. Oui , quelques bourses vous seront largement ouvertes, beaucoup vous le seront justement assez pour y puiser le denier de la veuve ou le tribut circonspect des bienséances ; mais beaucoup vous seront dédaigneusement fermées. Or, avec des ressources aussi bornées , à quoi pouvez-vous prétendre ? Espérez-vous atteindre à la hauteur, puisqu'il s'agit de localité, de l'église de Saint-François, de Saint-Polycarpe ou même de Saint-Louis ? et, certes , c'est bien vous accorder tout le possible. Eh bien ! figurez-vous l'une de ces modernes églises, la plus belle, à la place de l'église de Fourvières ! entrez-y maintenant, et dites-nous les sentiments que vous inspirent ces lieux consacrés , et dites-nous aussi ceux qu'ils ne vous inspirent plus ! Nous ne demandons pas d'autre épreuve ; mais nous signalerons un autre obstacle : vous allez démolir cette mystérieuse maison de la Mère des pauvres humains , vous en aurez le temps ; oui, vous aurez le temps de renverser ce petit clocher, tout adhérent qu'il soit à un si grand nombre d'existences et de cœurs d'hommes ; vous aurez le temps de renverser ces vieux portiques, ces vieilles voûtes, ces vieilles murailles ; vous aurez le temps encore d'en arranger symétriquement les matériaux, les pierres avec les pierres, les bois avec les bois, les tuiles avec les tuiles ; mais aurez-vous le temps de consommer votre réédification ? car de nombreux jours vous sont nécessaires ici, ou, nous le répétons, l'œuvre resterait trop au dessous de nos pieuses exigences.

Or, de combien de générations, de combien d'années regardez-vous pouvoir vraisemblablement disposer dans le fort de ce siècle où Dieu a dit que nous vivrions ? Sans doute les portes de l'enfer ne prévaudront pas contre les portes du ciel ; mais le bois, la pierre, l'airain et les bras de chair, qu'ont-ils de commun avec les portes du ciel ? Les portes du ciel, architecture vivante, ne demandent à la rigueur, pour se conserver, que le cœur de l'homme et sa volonté. Sans qu'elle soit éteinte, cette foi qui ne s'éteindra jamais, ne peut-il pas arriver, et n'arrivera-t-il pas trop vraisemblablement que la nouvelle et funeste persécution qui grandit tous les jours contre elle, que les hardiesses, les mépris, les dérisions, l'indifférence dont elle est l'objet, que l'inutilité du talent, la privation de faveur, l'éloignement des emplois, la perte peut-être même de la considération qu'elle entraînera et entraîne déja, alarmant, effrayant à grand tort sans doute une foule de jeunes ambitions bien naturelles, bien excusables, les rangs de ses nobles phalanges ne s'éclaircissent tous les jours davantage, et qu'ainsi dans quinze ans, dix ans, cinq ans peut-être (que savons-nous de ce que Dieu seul peut savoir ?) nous nous trouvions seuls, nous autres vieux soldats de Jésus-Christ, qui sommes à lui à la vie et à la mort, qui ne voulons, qui ne pouvons vivre qu'avec lui, nous nous trouvions seuls, disons-nous, avec nos cheveux blancs, nos bras enraidis, toutes nos forces défaillantes, et les yeux pleins de larmes en face des ruines sacrées que nous aurons faites ?

Mais de la sorte, dira-t-on peut-être, avec une telle circonspection, on n'entreprendrait rien. La réponse est facile : Hé ! oui, sans doute, par les jours qui nous sont faits, il ne faut rien entreprendre en ce qui est des choses de Dieu, lorsqu'avant d'ériger il faut détruire. Le lendemain n'a jamais appartenu aux hommes, et, certes, le lendemain d'aujourd'hui, en matière de catholicité surtout, est bien d'une autre nature que ceux de jamais.

Toutefois, il ne faut pas manquer de l'observer,

dans la reconstruction de l'église de Fourvières,
le but qu'on se proposerait ne serait pas moins de
l'agrandir que de l'embellir. A certains jours de
l'année, le vaisseau a de la peine à contenir le
nombre de ceux que la piété y rassemble ; alors
on a dit, et dans l'occurrence il était peut-être
naturel de dire : Augmentons la dimension du
vaisseau. Mais la véritable nature des choses n'est
pas toujours celle qui se présente le plus natu-
rellement à l'esprit. Par exemple, en thèse générale, accroître l'étendue d'un local qui n'est point
largement en rapport avec la foule qui le fré-
quente, est une mesure, et, si l'on veut, un luxe
de prévoyance bien naturel et auquel il n'y a
que des éloges à donner ; mais dans le cas particulier où la fréquentation de ce local aurait pour
fin d'agir sur les imaginations, d'exalter les ames,
de toucher les cœurs, de réveiller, d'affermir
dans les esprits des croyances que la raison dé-
montre rigoureusement, il est vrai, mais que le
sentiment fait aimer, n'est-il pas excessivement
délicat d'agrandir ses dimensions, quelles qu'en
soient les convenances qui se fassent parfois
sentir. Le grand nombre, la presse est essentielle
ici ; car ceux qui la composent, se servent mu-
tuellement de point d'appui, d'encouragement.
Comment ne pas croire, lorsque tant de nos

semblables croient ? comment ne pas espérer, lorsque tant de nos semblables espèrent ? La Sagesse suprême elle-même n'a-t-elle pas dit : *Ubi enim sunt duo vel tres congregati in nomine meo , ibi sum in medio eorum* (S. Matth. c. XVIII , v. 20). Car Dieu ne demande aux hommes que des sentiments relatifs à l'infirme et double nature dont il sait bien qu'il les a pétris. Et ces scènes déplorables des populations ameutées , si fatalement vulgaires de nos jours , ne démontrent-elles pas avec la dernière évidence combien les hommes réunis ont de dispotion et de facilité pour atteindre le dernier degré de l'exaltation ? C'est donc une chose grave , très grave en bien comme en mal pour la question qui les rassemble , pour le sentiment qui les préoccupe , que la réunion plus ou moins nombreuse , que le contact plus ou moins grand des hommes entre eux ; et tellement , selon nous , qu'entre ces deux partis , doubler l'étendue de l'église de Fourvières , ou diminuer de quelque chose celle qu'elle a , il nous semble que la plus tendre piété , la foi la plus vive , mais éclairée , d'une saine philosophie , n'aurait pas à balancer, et qu'au dernier elle devrait son suffrage.

Du reste, il est bien difficile de concevoir

comment une église dont l'enceinte a suffi au pieux empressement de nos pères, ne fusse que d'un siècle, serait trop étroite pour suffire à celui d'une génération comme celle que nous regardons passer. Mais la population s'est accrue, dit-on. Cela est vrai. Eh bien! savez-vous dans quelle proportion? dites-le nous, nous vous dirons après dans quelle proportion a diminué la foi et la pratique des actes de la foi. Ah! craignez, en touchant aux dimensions qui font ressortir avec tant d'avantage le nombre des croyants qui affluent à certains jours dans ce saint lieu, où, du reste, pour le dernier desquels il y a toujours une place, ce que nous avons expérimenté nous-même à plusieurs fois et aux époques les plus mémorables! craignez de le transformer pour tous les jours de l'année en une vaste et triste solitude, en une solitude impuissante et désenchantée!

Concluons. Sous tous les rapports, dans le triple intérêt, pour réunir audacieusement ce qui est fait l'un pour l'autre ; dans le triple inté-rêt, disons-nous, des hommes, de Marie, et de Dieu, l'église de Fourvières doit rester telle que les âges nous l'ont transmise.

Mais alors, que deviendront ces élans de la piété générale et ce besoin d'en rendre un éclatant témoignage ? C'est enfermer tout-à-fait dans le secret des cœurs des sentiments qui ne demandaient qu'à en sortir, et dont la manifestation eût été l'exemple le plus puissant, la leçon de foi la plus éloquente que la cité des martyrs, que les neveux des Pothin, des Irénée pussent donner à la France et au monde devenu si follement oublieux de ce qui seul absolument mérite souvenance. A l'aspect de cette vaste église toute resplendissante de nouveauté, élevée, non point pour servir au culte obligé ou de bienséance de telle ou telle agglomération d'hommes, mais par une pure, libre et gratuite pensée de Dieu, du Dieu crucifié ou de sa Mère, ce qui est tout un ; élevée l'an de la foi 1834 par une grande et antique cité, célèbre par ses Saints et ses Héros anciens, par ses Saints et ses Héros modernes, célèbre par son courage, sa bonne-foi, ses talents et les prodiges de son industrie ; élevée par une cité enfin ayant nom et tenant rang parmi les plus fameuses cités du monde ; à un tel aspect, disons-nous, quel est l'esprit fort, si fort, l'ame superbe, si superbe, qui n'éprouve un certain malaise, tant léger soit-il, qui ne sente poindre en lui quelque défiance pour un doute éphémère sur la foi duquel il s'abandonne, sans la plus légère prévoyance, à toutes les chances du temps et de l'éternité ? A de si nobles vœux, à de si douces espérances, il nous faudra donc renoncer?

Hé ! pourquoi ? tout cela se concilie très bien avec notre pensée, si bien qu'en rien elle ne le contrarie. En voici la preuve :

Pour satisfaire à la piété de cette génération, sans sacrifier le monument inappréciable de la piété de celles qui nous ont devancés, pour laisser unis le passé au présent, le présent à l'avenir, pour ne point nous exposer à interrompre la suite des traditions anciennes, et cependant donner une voix sonore aux traditions nouvelles que nous voulons laisser à nos neveux : en respectant jusque dans ses moindres parties la modeste chapelle qui nous occupe, nous proposons de lui donner en grace et en importance tout ce que peuvent désirer, il nous semble, et la piété et le goût. Et le moyen est bien simple : qu'au prix de notre or disparaisse sur une large surface tout ce qui la dérobe aux regards, qu'une riche et vaste grille demi-circulaire limite cet espace à l'occident, au sud et au septentrion ; l'orient s'étant par l'horizon immense ; et qu'au milieu de cette enceinte mystérieuse, seule isolée, sans ornement aucun , resplendisse comme un diamant précieux la maison de Marie.

Ne craignez pas de donner trop de saillie, trop d'éclat, trop de magnificence à votre travail ; que la beauté des assises , que la perfection du fer et du bronze rivalise avec la richesse de l'or ; que des chiffres , que des emblêmes gracieux composés avec art , disséminés avec goût , enchantent les regards , étonnent l'admiration même. Allez, allez, soyez sans crainte : plus la disparate sera sensible , plus l'antique et pieux monument sera effacé par l'importance du travail moderne élevé là comme pour protéger ses ruines , plus l'effet sera puissant sur les ames.

En effet , figurez-vous la, cette modeste chapelle, dégagée, dans tous les sens , de ces toits, de ces murailles , de cette tour , qui semble audacieusement disputer avec elle d'intérêt et de célébrité , étalant avec une noble candeur les lambeaux de sa pauvreté au milieu de la somptueuse solitude que lui ont fait l'amour et la vénération ; voyez la ceinte d'un superbe diadême, comme pourrait l'être le palais des rois ; voyez-la pliant sous le poids des vœux et des offrandes, dont elle est pieusement assaillie de toute part. Quelle prodigalité ! quel respect! quelle foi ! c'est ici l'étable de Bethléem ou l'arbre sacré de la

Croix, dans tous les cas c'est ici la maison des prodiges, c'est ici qu'il faut espérer, qu'il faut prier.

Qu'on n'appelle pas cela de la poésie; oui, c'est de la poésie, si l'on veut, mais de la poésie vulgaire, transcendante, profondément encrée dans la nature, dont tout homme porte en soi le type vivant, soit qu'en philosophe il analyse ses sentiments, soi qu'en intelligence souvent plus sage il se borne à les sentir.

Mais, au siècle des chiffres, on doit se défier des calculs; il nous faut donc par avance répondre aux objections dont nos mille économistes philanthropes ne manqueront pas d'assaillir notre projet et de chercher à troubler la joie secrète des ames tendres qui seraient disposées à l'accueillir. Quoi, diront-ils, renverser des murailles, des toits propres à abriter des hommes! éparpiller des sommes considérables autour d'une vieille église, pour en faire mieux ressortir, quoi? la misère, la difformité! Ne vaudrait-il pas mieux mille fois pour Dieu et pour les hommes, laisser de bout cette tour, ces maisons et distribuer aux pauvres l'argent que coûteraient leur achat et leur démolition? Combien de vieillards, de veuves, d'orphelins, dont cet or réchaufferait

les membres glacés , apaiserait la faim et séche-
rait les larmes! Voilà bien , Messieurs , voilà bien
les paroles que vous ne dédaignerez pas de laisser
tomber de vos lèvres sensibles. Mais , dites-le
nous, nous vous en prions , pour déplorer si
amèrement les quelques poignées d'or que nous
proposons d'éparpiller sur un sol vénérable , avez-
vous, dans vos calculs, tenu compte de l'influence
plus ou moins grande que cette nouvelle disposition des lieux pourrait avoir sur les esprits , sur
les cœurs, et par là sur les actions de ceux qui
seraient dans le cas de les fréquenter? Avez-vous
obtenu le chiffre qui exprime la masse nécessaire
de sentiments religieux, et par là de bonnes mœurs,
de paix dans les familles , de pardon des in-
jures , d'aumône , de santé , de bonheur appli-
qués pour un temps indéterminé à toute une pro-
vince , pour compenser le sacrifice de quelques
poignées d'or une fois fait , et par l'opulence?
Avez-vous supputé cela ? hé bien ! économistes
philanthropes, produisez vos comptes, nous sommes prêts à les apurer, s'il y a lieu. Que sera-ce
maintenant , si, contre votre attente, certes, et
toutes les bienséances , autorisés seulement par
la vérité absolue, nous vous sommons impudem-
ment de placer dans l'un des bassins de votre
balance ces quelques poignées d'or , et dans l'au-

tre les sentiments tant peu nombreux soient-ils, que leur emploi pourra détacher du cœur de l'homme et lancer aux pieds de Dieu , du Dieu crucifié , du Dieu de nécessité , de ce Dieu nouveau , s'il est permis de s'exprimer ainsi , dont il est temps ou jamais de parler aux hommes, de ce Dieu qu'ils ont aujourd'hui tant de propension à oublier , à mépriser (5) , et qu'ils ont cependant tant de raisons de craindre, et maintenant plus que jamais peut-être, de ce Dieu enfin qui mille fois détruirait son genre humain pour lequel il est mort pourtant , plutôt que de le supporter une seule seconde sans en recevoir des hommages ? Que serait-ce si nous vous sommions de cela?

Quant à nos pauvres , soyez en repos : les membres de Jésus-Christ , ne souffrirons pas des honneurs que nous rendons à sa mère ! S'il fallait opter entre la pierre et l'airain, et les os et la chair de nos semblables; si le monument que nous voulons élever, tant pieuse soit sa destination, devait être une cause de souffrances et de larmes , ha ! oui certes , la raison serait pour vous , et nous ne serions tout à la fois que des barbares et des impies ; mais il n'en est rien : les prodigalités de la nature de celle-ci, bien loin de nuire aux ressources des pauvres, engraissent et fécondent le champ qui les nourrit. Car la charité est comme la gloire , plus elle produit , plus elle veut produire.

Mais peut-être , ames tendres, trouverez-vous que le plan modeste dont nous venons de vous tracer l'esquisse , ne signalerait point assez votre jubilation , ne convoquerait point assez fortement les populations voisines à partager votre reconnaissance et votre foi. Ce zèle, nous le comprenons, nous y applaudissons , nous le partageons ; hé bien ! car Marie , comme mère et créature de Dieu , ne saurait s'approprier aucun hommage : toutes les délices dont elle est inondée, ce n'est que par le cœur de son Fils qu'elles lui arrivent; l'honorer ce Fils, propager son culte , exalter sa croix, est donc tout ce que les hommes peuvent faire pour elle de plus doux et de plus flatteur. Hé bien ! pour satisfaire à la piété la plus ambitieuse et la plus tendre , qu'au sud et à une certaine distance de l'antique chapelle , mais toujours dans l'enceinte qui lui est consacrée, s'élance dans les airs une immense colonne, et que de son sommet parte étincelant d'or, pour commander le vaste horizon et en recevoir les hommages, le signe sacré de la Rédemption des hommes, la Croix , la sainte Croix. Ainsi la Mère encore se trouvera au pied de la croix de son Fils , *Stabat Mater dolorosa*. Ainsi, quand la cité superbe , la ville aux hommes transcendants , naguère encore l'a insultée cette Croix auguste, l'a précipitée dans la fange, avec fureur, du faîte de ses tours et de ses palais, nous autres, modestes enfants des Gaules, le cœur plein du Dieu de nos pères et touché de ses affronts, peu satisfaits de la porter sur notre poitrine cette Croix avilie , de la conserver intacte au milieu de nos places publiques et sur nos édifices, de lui rendre un culte fervent sous les voûtes de nos temples et dans le secret de nos demeures , à la face de l'univers , nous lui élevons un monument sur le point le plus apparent de notre territoire , et nous l'y étalons triomphante.

Esprits élevés , cœurs sublimes vous frémissez d'enthousiasme, n'est-il pas vrai ? Vous le sentez: point de superstition , point de vanité humaine ici , point d'intérêt particulier ; ce n'est que l'homme et Dieu, mais c'est cela, c'est tout cela.

Mais, que vois-je? vous pâlissez devant le succès de votre transcendante entreprise, vous tremblez au moment de vous prononcer en faveur de la Croix ; de cette Croix dont toutes les nations civilisées de la terre datent depuis plus de dix-

huit cents ans; de cette Croix que toutes les gloi-
res , toutes les puissances , celles des armes ,
celles du génie , celles de la beauté même , se
sont fait un honneur de consacrer; de cette Croix
qui, depuis le jour où le divin infame a expiré sur
son bois sacré , commande toutes les sommités
de l'univers, et voit à ses pieds le genre humain!

Vous n'osez la confesser ! et pourquoi? parce
que, dans un coin de ce même univers, deux générations consécutives : l'une horrible, exécrable
entre les générations , l'autre..... l'ont bravée,
l'ont insultée! mais qu'importent à celui qui jouit
du bienfait de la lumière , les obstacles contre
lesquels, en plein midi, l'aveugle va se briser le
crâne? que font aux cœurs simples et dociles
la vaine science et les mépris des cœurs super-
bes ? Elle est, il est vrai, bien vieille, bien go-
thique, notre éternelle histoire de la Croix; elle
était, il est vrai, la marote de nos bons et ignorants aïeux; beaucoup de bonnes femmes, il est
vrai, de petits enfants la connaissent sur le bout
du doigt , en ont plein l'imagination ; beaucoup
de pauvres d'esprit, il est vrai , y ajoutent une
croyance pleine et entière. Mais, encore une fois,
qu'importe tout cela au sens commun , à la saine
critique ? Le Christ , fils du Dieu vivant, en a-
t-il moins pris un corps dans le sein mystérieux

d'une vierge, fille des hommes ? la Croix en est-
elle moins l'instrument sur lequel il est mort
pour le salut du genre humain , et ainsi l'objet
le plus digne de la vénération de la terre ! et
vous n'osez la confesser cette Croix ! Que confes-
serez-vous donc? sera-ce Homère, sera-ce Alexan-
dre , César , Auguste ? mais il y a bien long-
temps aussi qu'ils ne sont plus ; leur histoire
aussi est bien vulgaire : tout le monde aussi la
connaît , tout le monde y croit aussi , femmes ,
vieillards , enfants ; et les clartés qu'ont semées
ces noms sur leurs traces, que sont-elles au prix
des torrents de lumière qui s'échappent de toute
part de celles de la Croix ?

Vous n'osez la confesser , cette Croix ! mais
vous ne jugez donc pas du tout de l'état du
monde; vous ne voyez donc pas que, soit par un
juste retour de ses excès, soit par la suite iné-
vitable peut-être de la succession des âges , sa
vue s'est troublée , sa raison affaiblie, qu'il marche à l'aventure hors d'état de veiller à sa propre
conservation ; que le sens commun , que la loi
naturelle , ces anges gardiens, ces divinités tuté-
laires de toute créature intelligente, tous les jours
il les hue follement , les abreuve de dégoûts
et les accable des plus indignes outrages. Vous
ne sentez pas qu'au milieu de ce chaos de main

d'homme où nous sommes plongés , qu'au travers de ces ténèbres intelligentes qui marchent victorieusement à la conquête du genre humain, il n'y a qu'une clarté , qu'un salut possible , la vérité absolue, la Croix : *Lux vera quæ illuminat omnem hominem venientem in hoc mundum* (S. Jean).

Pensez-vous donc que nous, pour quelque imagination, quelque chaleur, dont peut-être vous trouverez ces pages empreintes , nous n'ayons pas assez de goût et de sang-froid pour sentir qu'il y a trente ans, dix ans même , et moins encore peut-être , ces lignes n'eussent été que déclamatoires et ridicules dans notre bouche, de nous simple citoyen, mortel sans mission, et qu'à aucun prix nous n'eussions consenti à les tracer? Mais aujourd'hui , où il n'y a rigoureusement plus de loi à invoquer, de loi à faire, de législation possible , qui peut ne pas voir qu'il n'y a plus de parti à craindre, plus de parti à ménager , plus de parti à épouser, que le parti du Dieu crucifié , que celui de la Croix?

On a dit que la Croix avait détruit l'esclavage, adouci les lois de la guerre, fixé le droit des nations et des gens , avait civilisé le monde ; cela se peut. Mais dorénavant son action sur le genre humain sera bien autrement certaine , autrement importante, nous osons le dire, soit qu'il la prenne de nouveau pour le type de ses sentiments et de son culte, soit qu'il continue à en faire l'objet de ses outrages ou de son indifférence: c'en est fait, elle est pour lui une question obligée de vie et de mort. Oui, à la Croix, à cette Croix dont l'empire est usé, que les cœurs rejètent, dont les intelligences ne veulent plus, qu'il faut remplacer par l'industrialisme, l'aisance, le savoir, le saint-simonisme, et mille autres songes pitoyables d'une génération délirante ; à cette croix impuissante et désenchantée, sont réellement appendues les notions égarées du bien et du mal, le sens perdu des mots du langage et leur arrangement si fort méconnu, l'intelligence des secrètes inspirations si méprisées du sens commun et de la loi naturelle, la santé, la joie, l'amour de la vie, le bonheur si compromis des individus, la paix des familles, l'ordre, le repos, la prospérité des sociétés, mieux que cela, leur existence (6). Ainsi donc, indépendamment des motifs de reconnaissance et de foi, arborer avec une solennité particulière l'étendard de la Croix aujourd'hui, c'est donner aux hommes la plus sublime et la plus utile leçon qu'ils puissent recevoir, et c'est se ranger glorieusement parmi les seuls législateurs qui comprennent le monde, et peuvent la sauver.

Raprochez-les donc sans hésiter vos matériaux, quelle que soit leur pesanteur ; allez,
entassez-les sans crainte : le sol est de granit
pur, il ne faiblira pas sous leur masse ; la terre
d'ailleurs, la terre n'existe que pour servir de
basse à la Croix ! et si l'impiété, de plus en plus
croissante, en venait à porter ses mains sacri-
léges sur cette Croix auguste, notre dernier
refuge, alors que nous importerait sa masse et
sa pesanteur ; qu'elle s'écroule avec fracas,
qu'elle nous écrase, nous et nos enfants, sous ses
ruines sacrées : heureux nous mille fois de mourir sans laisser de postérité ! et notre postérité
mille fois heureuse de quitter la terre le front
resplendissant encore de foi et d'innocence, et
les mains pleines de ces trésors immortels dont
toute notre ambition est de l'enrichir.

Mais enfin, cette Croix triomphale, sur qui re-
tombera la responsabilité, à qui appartiendra
l'honneur de son érection (7) ? Sera-ce aux bras
vénérables qui se proposent d'acquitter envers Marie la dette pieuse de notre cité reconnaissante ?
Peut-être nous trompons-nous, mais nous ne le
supposerions pas. En dépit des déclamations
de la mauvaise foi et de la critique inhabile,
nos prêtres, comme si Dieu eût voulu mettre tout

le bon droit de son côté et tous les torts du côté
des hommes; nos prêtres, tout-à-fait à la hauteur
des exigences du siècle par l'étendue de leurs
connaissances, le développement de leurs facul-
tés, la facilité de leur élocution, la convenance
et souvent l'abondance et le charme de leurs paroles; nos prêtres, disons-nous, ont assez fait
leurs preuves et les font assez tous les jours. En
effet, à la pureté de leurs mœurs, à la prudence
exemplaire de leur conduite, à leur zèle pour la
vérité, à leur brûlante sollicitude pour le bonheur
des hommes, à leur soumission tout à la fois envers le Chef spirituel de nos croyances et les
Césars de la terre, qui pourrait s'y méprendre?
qui ne reconnaîtrait en eux les serviteurs de Jésus-Christ? eh! quelle profession de foi si éclatante
pourraient-ils faire avec du marbre et de l'airain,
qui ne fût une dérogation à celle admirable qui
découle de toute leur vie? Qu'ils s'abstiennent
donc d'entrer dans nos rangs profanes; qu'ils
pleurent, oui, qu'ils pleurent, les temps en sont
venus, sous les voûtes de leur temple : *Inter
vestibulum et altare plorabunt sacerdotes ;*
qu'ils élèvent au Ciel leurs mains suppliantes :
Parce, Domine, parce populo tuo; mais qu'ils
nous laissent à nous, hommes de foi ignorée et
de vertus chancelantes; qu'ils nous laissent les

avantages et la responsabilité de l'entreprise. Ils ont pour leur part, nous le répétons, assez de périls , de travaux et de gloire. Oui , ce n'est qu'à nous, croyants obscurs , soldats sans nom et sans honneurs de la milice de Jésus-Christ, d'étaler ses étendards avec un appareil nouveau sans irriter le siècle , sans blesser ce qu'il appelle les bienséances.

Mais à quel vain espoir nous livrons-nous ici ? satisfaire par aucune concession possible aux exigences insatiables de l'incrédulité triomphante , obtenir d'elle , nous ne disons pas son respect, mais son indulgence pour un acte franc de catholicité , quels que soient les hommes qui le consomment : quelle chimère !

« Les voyez-vous là-haut, diront-ils, comme ils s'agitent , comme ils prodiguent et leur or et leur sueur pour entasser de froides et stériles pierres? et c'est là ce qu'ils appellent servir Dieu ! Vainement leurs lèvres distilleront la perfidie , vainement ils déchireront notre réputation , ils détruiront notre crédit, vainement ils s'empareront sourdement des deniers de la veuve et de l'orphelin : ce sont des confrères de la Croix, ils ont contribué de leur vote et de leurs deniers à l'érection de la Croix ; donc ce sont de vrais dévots,

de parfaits gens de bien ; et tout ce qu'ils diront,
tout ce qu'ils feront, sera épousé par la sainte
confrérie , et placé par elle hors de tout blâme
et de toute censure. »

Ce sont bien à peu près là vos propos. Voici
nos sentiments :

Non , nous ne sommes point assez ignorants ,
assez stupides et assez vils pour penser nous li-
bérer envers Dieu , envers les hommes et envers
nous-mêmes , en un mot , pour prétendre nous
affranchir des œuvres de vie par telle ou telle
modification que nous ferions subir à la matière.
Si loin de là est notre pensée , qu'à la vie et à la
mort nous nous portons pour enseigner que des
milliers de monuments , tant pieuses soient leur
apparence et leur destination , fussent-ils des
Saint-Pierre de Rome ou des Saint-Charles-Bo-
romée , érigés , comme vous le dites , par des
mains souillées des deniers de la veuve et de
l'orphelin , par des lèvres distillant le mensonge
et la calomnie , ne valent pas pour la parure
du cœur , aux yeux du bien absolu , la cent-
millionième partie , non pas d'un verre , mais
d'une goutte d'eau offerte par des mains pures.
Oui, nous le répétons , un monument religieux,

quelles que soient sa forme et son importance , n'est rien, absolument rien que par les sentiments qui président à son érection, et ceux qu'inspirera son aspect.

Mais cette croyance ne saurait refroidir notre élan, de nous autres, gardez-vous de le supposer; et cela, parce que si nous élevons un trône à la Croix, c'est que nous croyons sérieusement en elle ; c'est qu'elle remplit la plus large partie de notre vie ; c'est qu'elle endort nos douleurs ; c'est qu'elle adoucit, qu'elle embellit même pour nous les affres de la mort ; c'est qu'elle nous inspire l'amour, le besoin, la passion de la vertu, l'horreur et l'épouvante du crime ; c'est que, graces lui en soient rendues ! bien loin de retenir le bien d'autrui et de flétrir sa réputation , nous préférerions un million de fois mourir à l'heure même les mains pures de tout gain illicite, la conscience libre de tout mauvais vouloir, que de mourir après des siècles de gloire et d'opulence , les mains souillées d'une seule obole, et le cœur chargé d'une seule pensée.

Ne l'imaginez pas toutefois, nous ne voulons point vous insinuer ici que nous sommes ou que nous serons des héros, des hommes d'une espèce particulière ; non, nous ne sommes et ne serons jamais que des hommes, et la plupart d'entre nous de la plus infirme nature, sujets à mille erreurs, à mille faiblesses. Mais ce que nous vous adjurons de croire, c'est que ces erreurs, ces faiblesses, nous les détestons, nous les anathématisons dans nous plus encore que dans les autres, c'est que notre plus grande affaire est d'en affranchir nos ames, c'est que la possibilité d'en devenir la proie est le plus grand fardeau qui pèse sur notre cœur, et que si nous venons par surprise ou par découragement à nous laisser abattre momentanément par elles, repoussant toute justification mensongère, nous en demanderons humblement pardon à Dieu et aux hommes.

Mais, nous le sentons très bien, tout cela, ce ne sont que des paroles dont tout au plus peut-être vos rires et vos dédains croiront devoir faire justice; alors, écoutez, voici qui sera plus positif, c'est un fait : si quelqu'un de nous, soit qu'il soit l'offensé ou l'agresseur, soit que la mésintelligence ait pris sa source dans des opinions religieuses, morales, politiques, ou dans des intérêts particuliers; si quelqu'un des nôtres, disons-nous, vous poursuit de ses propos injurieux ou de ses menaces, saisissez-le par le bras, conduisez-le sur un quai, sur un pont, dans le premier endroit d'où l'on puisse découvrir la Croix qui vous fait ombrage ; mais , que dis-je? les murailles les plus hautes et les plus rapprochées , les ténèbres les plus épaisses de la nuit bornassent - elles au plus court espace votre horizon , n'importe ! à cette heure, de ce lieu , sans même vous occuper de vous orienter , mais levant le bras obliquement pour toute indication , dites-lui : « Tu me poursuis , et là-haut tu as planté fastueusement l'étendard de ton Dieu , du Dieu qui ordonne de pardonner, et tu me poursuis ! » Dites-lui cela , et si à l'instant même l'injure et la menace n'expirent pas sur ses lèvres , c'est un hypocrite ou un insensé : tous, nous le renions.

Or, de pareilles conséquences , les seules que la raison , que le sens commun puisse tirer du principe, sont-elles de nature à rassembler sur lui l'effroi , le mépris ou la haine ?

Qu'elle parte donc en tout bien tout honneur , cette Croix ! qu'elle s'élance au plus haut des airs ! que nul étranger n'ait à passer dans nos murs sans qu'elle ne frappe ses regards ! que du sommet des Alpes le voyageur l'aperçoive scintillante au zénith de l'immense horizon, et qu'il s'écrie, plein d'enthousiasme : « La voilà bien , la voilà bien cette Croix de la cité croyante ! » Qu'elle ombrage nos fleuves, nos quais, nos ponts, nos places

publiques ! qu'elle protége nos temples, nos demeures et nos tombeaux ! Et, quand les vents dé-
chaînés pousseront de l'occident ces nuées sombres
et brûlantes qui portent la terreur dans les ames ,
quand les mères tremblantes rassemblent autour
d'elles leur jeune famille éperdue, quand hommes,
femmes, vieillards, enfants, tous, les plus braves
comme les plus timides , sentent faiblir leur
courage et leur cœur se resserrer , qu'il sera consolant , qu'il sera secourable de la voir, à la clarté
des éclairs, cette Croix lumineuse se dessiner sur
le noir horizon , conjurer la foudre , et faire brê-
che au fort des tempêtes ! Et, dans les tempêtes
politiques , et dans les tempêtes des passions ,
et dans toutes les tempêtes de la vie et de la
mort, qui dira, ô Croix triomphale ! ô Croix de
prédilection ! ce que tu répandras dans les cœurs
de résignation , de prudence et de courage ?

Enfants des Saints et des Héros, songez-y ! vous
avez à ériger, eu égard au sol et à la génération ,
le monument le plus sublime et le plus fortement
religieux qu'aient jamais élevé les hommes !

NOTES.

*

(1)

Chaque action une faute et trop souvent un crime.

Nous pourrions fournir plusieurs exemples, à l'appui de cette assertion; mais, pour nous borner à un seul, des plus récents, quel nom donner à l'acte par lequel des hommes chargés de faire les lois, des législateurs, en France, l'année dix-huit cent trente-quatre, ont, après une mûre délibération, assisté en corps, aux funérailles de l'un de leurs confrères, législateur tué, les armes du duelliste à la main, et supportent sans récrimination, dans leurs rangs, au sein de leurs assemblées les plus solennelles, tout fumant encore de sang, le législateur duelliste leur confrère qui lui a donné la mort. Comment cela s'appelle ? la morale éternelle le proclame assez haut : cela s'appelle crime , et crime épouvantable, crime d'autant plus alarmant pour l'avenir du pays , que nulle surprise , nulle terreur ne peut s'invoquer ici, et qu'il ne prend bien visiblement sa source, que dans la plus complète indifférence , dans le plus profond mépris, ou dans l'ignorance la plus monstrueuse de toutes les justices, de tous les ntérêts de Dieu et des hommes , de la nature et de la société.

(2)

Les salutations de tout ce qui se rencontre sur son passage.

On nous a dit , mais nous n'avons pas eu la douleur de le voir , que depuis quelque temps la troupe ne présentait plus les armes au Saint-Sacrement. Partout ce serait une mesure irréligieuse ; à Lyon, c'est encore une mesure impolitique : car les gens immoraux ne se gagnent par aucune espèce de sacrifice , et l'on révolte tous les hommes d'honneur , à Lyon surtout , en insultant au culte de leur père.

(3)

Les temples trop étroits souvent pour contenir la foule.

L'église de Saint-François, entre autres , et à plusieurs reprises, a présenté ce phénomène , bien consolant pour l'ami de Dieu et des hommes , aux instructions de M. Guyon. Il est vrai que M. Guyon , surabondamment pourvu de cette chaleur , de ce zèle qui touche , qui captive les ames, est doué d'un talent apostolique excessivement remarquable. Mais M. Guyon , au mépris d'une santé défaillante qu'il prodigue héroïquement à sa noble mission , prêchait tous les jours deux fois pendant les trois saintes semaines ; hé bien, n'importe ! son auditoire était toujours au grand complet, et très souvent la capacité du vaisseau a été un obstacle à ce qu'il fût plus nombreux.

(4)

Dans aucune autre ville du monde.

Cette assertion pourra paraître aventurée ; mais ce que nous pouvons assurer , c'est qu'elle n'est pas de nous, et, bien que nous n'eussions pas hésité à la faire pour notre propre compte , nous ne sommes ici que l'écho de la voix la plus retentissante de la chrétienté.

(5)

Ce Dieu, que les hommes ont aujourd'hui tant de propension à oublier, à mépriser.

Affaiblis , énervés comme le sont presque tous les mots de la langue, et surtout les plus beaux, la plupart ne peuvent plus se suffire à eux-mêmes, ne peuvent plus conserver leur aplomb primitif, sans l'appui, sans l'étai d'une certaine quantité d'autres mots moins caducs et moins vermoulus. Par exemple , que veulent dire, sans commentaire , ces mots : liberté , honneur , patrie , gloire , religion, Dieu , Dieu même ? Aussi, va-t-on nous dire.— Les hommes aujourd'hui avoir de la propension à oublier à outrager , Dieu ! mais vous n'y pensez pas : aujourd'hui , de tout côté, l'on construit ou l'on répare des églises , tous les poètes, tous les moralistes , tous les romanciers, tous les philosophes , tous les livres parlent de Dieu ; citez donc , du reste , une seule bouche qui le nie.. — Et de là vous induisez que Dieu n'est pas oublié, n'est pas outragé ! Alors nous vous demanderons ce que vous entendez par Dieu: serait-ce quelque chose de vague , d'interminé , de vaporeux comme ce que chacun voit dans les nuages ? un canevas que l'imagination brode et surcharge à son gré ? un blanc-seing qui dit tout ce qu'on veut qu'il dise? serait-ce enfin un être progressif, progressif toutefois dans ses rapports avec l'homme? Si c'est ainsi que vous entendez Dieu , vous avez raison de vous récrier contre notre assertion. Oui, certes, ce dieu facile, ce dieu du progrès, il est infiniment peu d'hommes de cet âge qui se donnent la peine de le nier; en général il est convenu qu'on peut l'avouer, et tout le monde l'avoue. Voilà qui est bien ; mais nous, nous soutenons que ce dieu n'est point Dieu, qu'il n'y a rien de moins que de l'impiété à le reconnaître, et enfin, que celui qui le reconnaît est plus loin du vrai Dieu que celui qui nie tous les dieux.

La pensée de Dieu est un des besoins les plus positifs du cœur de l'homme, et un cœur sans Dieu ne saurait être absolument un cœur sans remords, sans angoisses, et ainsi sans velléité plus ou moins grandes, plus ou moins constantes d'explorer de nouvelles voies. Au contraire le cœur qui ne dispute point à Dieu son existence, qui permet à sa bouche d'en articuler le nom affirmatif, à son esprit d'en invoquer la poésie, un tel cœur par cela même est dans une espèce de quiétude qui le charme : dans sa confiance en lui, et pour l'accroître, il va jusqu'à anathématiser l'athéisme, et, fort du dieu qu'il avoue, il oublie et outrage en toute sécurité le Dieu qui est. Voyez les mourir vos croyants, quelle qu'ait été leur vie, et vous saurez nous dire s'ils ont la moindre idée du Dieu à qui ils vont avoir à faire.

En un mot, vous vous targuez de ce que cette génération ne nie point Dieu; mais ne point nier Dieu, qu'est-ce absolument? C'est satisfaire à son instinct et à son amour-propre; c'est éviter un excès à la fois odieux et douloureux, mais non point acquérir une vertu. Oui, voilà précisément la mesure de la *religiosité* des hommes du siècle : ils ne reconnaissent de Dieu tout juste que ce qu'il faut pour échapper au malaise, à la terreur et au ridicule de l'athéisme.

Mais, au lieu de publier de si tristes observations, qui peuvent agir contagieusement, pourquoi, nous dira-t-on peut-être, ne pas les enfouir dans le plus profond oubli ? Pourquoi ! parce que Dieu n'a pas besoin, aujourd'hui plus qu'hier, qu'on ménage son crédit, et parce que cette génération, plus qu'aucune autre, a besoin de justes définitions de Dieu, pour se garer de ce quelque chose appelé *dieu*, qu'aujourd'hui on présente si universellement à son hommage.

(6)

La prospérité des sociétés ; mieux que cela, leur existence.

Ceci n'est qu'une affirmation, nous le sentons très bien, que chacun pourra traiter avec plus ou moins de légéreté, voire même de dédain et de superbe. Mais nous prenons l'engagement ici de la revêtir de toutes les preuves, de tout le luxe d'évidence dont est susceptible la proposition la plus profondément enracinée dans le vrai ; à moins toutefois, ce qui est possible, que le temps, dont la course devient tous les jours plus impétueuse, en devançant nos tardives pensées, ne se charge inexorablement de la démonstration, et n'entache de niaiserie celle que nous pourrions fournir.

(7)

La Croix, la sainte Croix.

Sans doute cette Croix, ces démolitions, cette grille entraîneraient dans des frais assez considérables ; mais, indépendamment des convenances respectées, des effets favorables obtenus, nous ne craignons pas d'affirmer que la seule construction d'une église qui pût remplacer dignement la précieuse chapelle, avec les acquisitions toutefois qui en seraient la conséquence obligée, absorberait des sommes incomparablement plus fortes. D'ailleurs, et ceci est un des grands avantages matériels du projet que nous présentons, les divers travaux dont il se compose, peuvent ne s'exécuter que progressivement et même que partiellement, selon les circonstances; par exemple, on peut très bien se borner à élever la Croix sur l'emplacement de cette tour que nous taxerions d'audacieusement rivale, si l'intention et les sentiments de son auteur n'étaient pas aussi honorablement connus. L'œuvre ne serait pas achevée, il est vrai ; mais les jours qui suivront, auront tout le temps d'y mettre la dernière main, et nous qui vivons aujourd'hui, nous aurons cependant acquitté notre vœu d'une manière à la fois satisfesante et solennelle.

Puisqu'il est ici question de cette Croix, ne serait-il pas convenable de l'illuminer aux grandes fêtes de la Vierge, ou peut-être seulement à celle de l'Assomption; ce qui serait facile, ou du moins très possible il nous semble, par les procédés du gaz. Nous pensons, quant à nous, que cette Croix lumineuse, qui, détachée absolument de sa base colossale par l'obscurité, paraîtrait suspendue dans les airs, ne saurait manquer d'offrir un aspect tout-à-fait pittoresque et de produire le plus grand effet religieux, non seulement pour la ville, mais encore pour l'horizon.

www.ingramcontent.com/pod-product-compliance
Lightning Source LLC
LaVergne TN
LVHW021827170726
843503LV00007B/3353